Lb 48. 399.

INFLUENCE

DES

JURIDICTIONS PRÉVOTALES

SUR

LE MAINTIEN DE L'ORDRE

EN FRANCE.

Par P. Dubois-Bergeron.

PARIS,

A. B. PÉLICIER, LIBR., PALAIS-ROYAL,
GALERIE DES OFFICES, N° 10.

LYON, RUSAND ET BETTEND.

DÉC. 1815.

INFLUENCE

DES

JURIDICTIONS PRÉVOTALES.

———

« Il faut profiter du calme pour prévoir les orages, comme
« on place les digues lorsque les eaux sont basses (1) ».
C'est après une révolution inouïe dans les annales du
monde, que la surveillance, la sévérité et une prompte
justice sont doublement nécessaires.

Nous déposons sur les marches du trône les Réflexions
publiées le 5 octobre dernier (2). *La France* a beau-
coup fait pour *sa gloire militaire*, et presque *rien*
pour *son bonheur*. Le 8 juillet une nouvelle carrière s'est
ouverte. *Que reste-t-il* à faire pour profiter de la planche
que le Ciel nous tend dans le naufrage ? Deux choses : *Renoncer à tous les partis pour nous ranger tous sous la
même bannière*, et *seconder la Garde nationale et la
Gendarmerie*, qui, des quatre extrémités du royaume,

———

(1) *Bases des constitutions.* Cet ouvrage inédit est refondu dans
celui, *sous presse*, intitulé : Campagnes de 1815, ou *les Bourbons,
les Maisons militaires de Louis XVIII et de Monsieur, et les Volontaires royaux de Paris, du Midi, de la Bretagne et de la Vendée ;*
avec cette épigraphe de *Servan* : « Si les factieux nous forçaient à céder
« à l'esprit de vertige, né de leur haine contre notre Religion, notre
« Prince et notre Pays ; la Maison militaire du Monarque, la Capitale,
« le Midi, la Bretagne et le Poitou écriraient de leur sang, sur leurs
« drapeaux : *Dieu, Roi, Patrie.* » (*Let. à Hay-de-Bonteville*, évêq.
de Grenoble.) *Se trouve à Paris*, chez M. *Suleau*, rue Neuve-
Saint-Eustache, n. 31 ; et au Palais-Royal, chez le libraire A. B. *Pélicier*, galerie des offices, n° 10. Prix : 2 fr.)

(2) Paris, de l'Imprimerie de *Lefebvre*, rue de Bourbon, n. 11.

forment un filet dans lequel tous les malveillans peuvent être pris sans qu'on soit réduit à exercer contre eux les violences que leurs projets sembleraient justifier. C'est aux *autorités constituées seules* à agir ; la dernière conspiration leur a appris qu'il faut purger la société.

On n'opérera la réunion qu'en « centralisant l'esprit pu-« blic , qu'en oubliant tout ce qui rappellerait des haines. « Ne livrons nos cœurs qu'à l'amour pour notre Roi , et à « l'espérance du bonheur qu'il nous réserve si nous n'en-« travons point l'action de nos saintes Lois (1) ».

Que chaque individu s'oublie pour ne voir que la chose publique ; qu'on ne dise pas, avec un buonapartiste hon-teux (2) : « *Je ne connais que la Patrie* ». « *L'Ordre* « n'existe que par le *respect pour la Religion et la Loi,* « *l'Amour du Monarque et de la Patrie* : affaiblir une « de ces bases, c'est détacher la clef de la voûte (3). »

On ne commande point les idées religieuses et l'amour qu'inspire la gratitude pour la Loi , le Souverain et la Patrie ; qui veillent sans cesse sur nous ; mais la masse des citoyens peut s'associer à la magistrature , en prêtant main-forte à l'autorité qui donne le mouvement. La *Garde nationale* et la *Gendarmerie* n'ont pas le droit de délibérer , mais

(1) *Un mot aux détracteurs du Duc de Berry.* — 4 juin 1815.

(2) **P. Morand**, dit le vicomte de *Beauvert*. On connaît son pamphlet contre les *dames* , les *Maisons militaires* du *Roi* et de *Monsieur* , et la *Garde nationale de Paris*. L'attaque parut , le 8 juillet dernier , à six heures du soir ; toute l'épreuve de la *Réponse* était le même jour , à minuit moins un quart , aux Tuileries. *Voyez* les *Lettres sur quelques particularités de l'Histoire, pendant l'interrègne des Bourbons,* par le comte de *Barruel-Beauvert*. Tom. III, Let. xvii, p. 141. Chez l'*Auteur*, rue de Montholon , n. 26. — 1815.

(3) *Réflexions d'un publiciste sur l'ordre d'arrêter Monseigneur* L.-A.-H. de Bourbon-Condé, *duc* d'Enghien , *et sur celui de traduire* S. A. S. *devant une commission militaire spéciale.* — Mars 1804.

elles ont celui de former une fédération contre le vice ; elles ne doivent pas chercher des coupables, mais seconder les *tribunaux prévotaux*, chargés d'arrêter le mal dans sa source, en livrant aux juridictions compétentes les êtres perfides qui dissimulent leur exaspération, ne distillent qu'insensiblement leur venin, se lamentent sur les fléaux dont ils sont la cause, ont le front de rejeter sur LOUIS XVIII les suites necessaires de l'incursion faite par le tyran, incursion qu'il n'eût pu effectuer sans l'intervention de ses riches et actifs correspondans dans l'intérieur. Si les *juridictions prévotales* avaient été établies; si la *Gendarmerie* (1) avait eu à sa tête de ces hommes dont la cause est intimement liée à celle du Chef de l'Etat, et intéressés à déjouer les projets des factieux, on aurait prévenu la malveillance, qui croit moins à sa force lorsqu'elle cesse d'agir dans l'ombre ; les grands prévôts vont faire porter la lumière dans tous ses repaires.

Le ROI a pardonné aux factieux ; nous le chérissons, nous ne devons donc désirer que ce qu'IL veut. Nul n'a le droit de se venger lorsque le Monarque ne se souvient que du *bien*, mais tous doivent veiller sur la nombreuse cotterie qui, depuis les condamnations de *Lavalette* et de *Ney*, dit moins haut : « Nous cédons à la force irrésistible des « baïonnettes ; les Alliés une fois rentrés dans leurs foyers, « nous reprendrons notre *attitude* et nos *droits* (2). » N'ont-ils pas parlé assez long-temps de *leurs droits*? Quand leur rappellera-t-on *leurs devoirs* ?

Le moment désiré par *H. L.....e* et par les autres fac-

____

(1) Le capitaine *Boulnois* a suivi le Roi à Gand.

(2) H. L.....e, *Apologie des Protestans de Nîmes.* — 1815.

tieux, approche. Ils se flattent en vain. Trois Ministres (1)
et les grands prévôts ont les yeux sur eux ; leurs cœurs
leur prescrivent d'empêcher le crime de naître , dans la
crainte de se voir réduits à la nécessité de punir ; mais si
les caméléons savent se soustraire tandis qu'ils complottent,
leur première tentative connue sera le signal d'une puni-
tion prompte et exemplaire.

Dans l'ancien ordre de choses , le Gouvernement n'atta-
chait peut-être pas assez d'importance aux choix des chefs
de la *maréchaussée*. L'impolitique ordonnance provoquée
par la morgue de M. *Phelippeaux-de-Saint-Florentin* ,
n'atteignit ce corps que pour les grands-prévôts. Des idées
plus saines ont succédé aux préjugés.

La volonté du Roi , toujours conforme au texte et à
l'esprit de la Charte que nous lui devons , met cette arme
de pair avec les autres ; le Monarque appelle dans la Gendarmerie les officiers , sans acception du rang qu'ils pos-
sédaient en 1789 ; l'interprète éclairé de ses volontés (2),
et ses dignes collaborateurs (3) , ont confié à la sagesse
et au dévouement la plus forte épée de la loi , « au mépris
« des préjugés de 93 , qui avaient proscrit le mérite uni à
« une haute naissance , comme des préjugés antérieurs
« avaient repoussé le talent privé des recommandations
« d'un grand nom (4). »

Ceux qui ont fait les plus grands sacrifices pour la cause

_____

(1) MM. de *Richelieu* , de *Cazes* et de *Vaublanc.*

(2) Le Lieutenant-Général Comte d'*Olonne.*

(3) MM. *Yvert* , chef du personnel, et *Zaille* , chef de l'adminis-
tration.

(4) *Campagnes de 1815 , ou les Maisons du Roi, etc.* (*Voy.* la 1re
note de la p. 3.

des *Bourbons*, ont demandé du service dans une arme
que la bravoure distingue autant que son stoïque attache-
ment au Souverain. Les Français les plus dévoués au Roi
entrent dans la Gendarmerie ; s'ils ne comptent pas dans
leur arme ceux qui, comme MM. de *Botherel-Moron*,
d'*Auffremont*, de *Corsac*, de *Sautereau*, de *Couessin-
du-Boisriou*, de *Mussan*, de *Vassault*, *Le Meneust-
de-Boisjouant*, de *Canolle*, de *Messey* (1), de *Clugny*,
et de *Cailus* ont bravé tant de dangers pour le salut de
Louis XVI, celui du duc d'*Enghien* et le triomphe du
duc d'*Angoulême* dans le Midi, ils les imitent par leur
courage et leur fidélité. Le dévouement de ces Français est
consigné dans les ouvrages de MM. *Denain*, de *Carondeley*, de *Frémayel*, de *Barruel - Beauvert*, de *Nagone*, *Vulpiet*, et dans la 6ᵉ édition que M. de *Villeneuve* prépare de sa *Lettre* du 16 septembre dernier à
M. *Vauquier*.

M. de *Villeneuve* nous autorise à dire qu'il a oublié in-
volontairement les comtes de *Corsac*, de *Chambrun*, les
vicomtes de *Clugny* et de *Berthier* ; les chevaliers de
Sautereau, de *la Luzerie*, *Caïron-de-Merville*, et de
Canolle, et MM. *J. Neyton*, de *Blesbourg*, *F. Merle*,
L. Grangé et *A. B. Pelicier*, et les docteurs *E. P. La-
moureux* et *Menuret*, dont les noms connus par les nom-
breuses preuves de leur dévouement au Roi, devaient fi-

____

(1) Le marquis de *Messey*, maréchal-de-camp, a peint sa belle
ame dans tous ses ouvrages ; on le reconnaît dans son article plein de
sensibilité, sur la *translation des reliques du second Saint-Louis*
(Journal Royal), dans ses *Observations au nommé Paul*, et dans
ses *Souhaits pour l'année* 1816.

gurer avec ceux des comtes *René de Bernis* et *d'Albon*, parmi les fidèles sujets (1), qu'il cite page 16.

Ce publiciste qui, pendant la terreur, trouva l'hospitalité à Mende, désire que nous consignions le nom des personnes qui se sont le plus distinguées (2) dans cette ville, sous les ordres du comte de *Corsac*. En acquittant la dette de M. de *Villeneuve* (3), nous acquittons celle de la Patrie :

Le baron *G. de Corsac-Clamouse* ; le chevalier de *Borel* ; l'abbé *Fayet* ; MM. de *Cultures* † (4); *Guyot*, maire de Mende ; *Du Mazel-de-Vergèse*, frères; *Pascal-de-Serre*, garde de MONSIEUR ; d'*Amoureux*, juge suppléant; *Reboul*, conseiller de préfecture; *Desfonds*, juge intructeur ; de *l'Hermet*, juge auditeur à la cour royale de Nîmes ; *Jaffard*; adjoint à la mairie, et négociant ; *Rivière*, juge suppléant; *Sarrut*, *Favet* et *Gilles* cadet, négocians; *Balmele*, *Guyot* et *Dangles*, avoués ; *Laurent-Rieucros* ; *Contesse*, horloger ; *Estelas*, charron ; *Bou-chilé*, tisserand.

(1) L'auteur d'une brochure de 198 pages, intitulée : *Tableau historique des événemens qui se sont passés à Lyon depuis le retour Buonaparte jusqu'au rétablissement de Louis XVIII*. (2ᵉ édition, Lyon, chez les frères *Guyot* lib.), n'aurait pas accrédité les inexactitudes dont son libelle fourmille, s'il eût lu les *Rapports officiels*. L'anonyme qui a écrit sous l'influence de la faim, n'aurait point imprimé dans sa réponse du 2 du courant à M. *Maret*, que « . . . . qui « fit des proclamations pompeuses en faveur de *Buonaparte*, et fut « audevant de lui à deux lieues, avait sauvé une cité indécise sur le « parti qu'elle embrasserait. » La ville fut fidèle au Roi ; le magistrat qu'on attaque dédaignera les calomnies d'un compilateur.

(2) 30 juin dernier.

(3) M. de *Villeneuve*, continuateur du savant ouvrage de dom Lenoir-de-Lanchate (d'Alençon), a fait des recherches sur les maisons d'*Albon*, de *Clughy*, d'*Andigné* et de *La-Roche-Aymon*.

(4) Cette croix désigne les chevaliers de Saint-Louis.

Noms des Royalistes qui se sont rendus à Mende :

Les marquis de *Brion*, de *Retz*, de *Landos* † et de *Briges* ; les comtes de *Retz*, *Duplessis-Châtillon*, de *Saillant*, de *Morangies*, de *Soulages*, de *Sasselange* † , de *Miramon* et de *la Rochette* ; les vicomtes de *Seguin-de Reynies*, émigré, chef-d'escadron † ; de *Reynies-la-Tour*, capitaine de vaisseau † ; *des Gardies* † et d'*Apchier* ; le barons de *Seguin-de-Reynies*, aide-de-camp du général comte de *Corsac* ; de *Framond*, *id.* du général comte de *Chambrun* (1) et de *Ligeac*, garde de Monsieur ; les chevaliers *Blanquet* du *Chaila*, *id.*, et aide-de-camp du comte de *Corsac* et de *Laubies* † ; MM. *Bessete* de *Fayet-La-Bessière* † ; de *Colombet* † ; *Marcé* de *la-Rochette*, garde du Roi † ; de *Fayet-Chabanne*, *id.* † ; de *Charaix* † ; *Vidal* aîné † ; *Blanquet-de-Rouville* † ; *Cavalier* † ; *André de Fressac* †, nommé préfet par le duc d'*Angoulême* ; d'*Espinassous*, commissaire extraordinaire de police ; d'*Espagny*, sous-préfet de Marvéjols ; *Rivière*, président du tribunal de la même ville ; *André*, secrétaire-général de la préfecture de la Lozère ; de *Soleirol*, garde du Roi ; *Bonnemayre-de-Pastorel* ; C. de *Bedos* ; *Edouard* de *Ligones* ; *Eymard* de-*Jabrun* ; *Rey*, négociant ; *Chaber* frères ; *Silvain Boissier* ; *A. Vidal* ; *Despradels* ; *Vivens* ; *Belchamp* ; *Pagés* ; *Champalbert* ; *Desperiers* ; *Robert* (de la Carnouge) et *Durand*, limonadier.

M. de *Villeneuve* a extrait ces deux listes de l'ouvrage *publié aujourd'hui* et intitulé : *Campagnes de* 1815 (2),

(1) Envoyé du duc d'*Angoulême*.

(2) Il contient l'état exact des volontaires royaux de Paris, du Midi, de la Bretagne et de la Vendée, et de tous les membres des

dont nous parlons dans la 1ʳᵉ. note de la page 3. Il ne nous a donné que les noms, sans pouvoir nous communiquer ce que l'Auteur dit de chacun en particulier. Ces noms seront encore cités honorablement dans le grand ouvrage que publie M. *Michaud,* (*Biographie moderne,* ou *Dictionnaire des hommes vivans*); ce dictionnaire sera le chartrier de toutes les familles qui ont, à quelque titre que ce soit, bien mérité du Roi. Tous les articles ne sont pas apologétiques. On a blâmé ce qui est blâmable; mais, en critiquant tel personnage, on n'a pas oublié de rappeler le bien qu'il a fait; l'article des Cardinaux de *Lomenie-Brienne* et *Maury* en sont une preuve. M. *Michaud* et ses collaborateurs se sont piqués de la même justice avec les villes de Lyon et de Nîmes, indignement calomniées par quelques pamphletaires. La cité royaliste qui s'est couverte de gloire, en demandant la pairie méritée pour le comte d'*Albon* et celle (1) qui a démontré à H. *L*....*e* qu'il était un imposteur, ont dû trouver leur justification dans les pages impartiales des écrivains célèbres et indépendans, dont M. *Michaud* s'est entouré.

Revenons à l'institution des Prévôtés et à l'Organisation de la Gendarmerie. Les principes purs, dans les officiers, se communiquent aux soldats; si cet effet ne nous consolait pas du passé, il faudrait user des priviléges de la sensibilité, celui de pouvoir calmer les tourmens que causent à la France le malheur et l'esprit de vertige; il faudrait se reposer à l'aspect des tableaux où la bienfaisance, l'amitié,

maisons militaires du Roi et de Monsieur, qui ont suivi S. M. ou les Princes. Les nombreux matériaux, et les réclamations (sur des omissions involontaires) que l'auteur reçoit de tous les départemens où il avait envoyé ses épreuves, le forceront à publier un second volume.

(1) *Voy.* le nº consacré à la ville de Nîmes, (*Campagnes de 1815,* citées page 3.) et la *Notice* sur le vicomte de *Clugny* †, maréchal de camp et chevalier de Malte; ce royaliste a fait toutes les campagnes à l'armée de *Condé* et s'est distingué à la redoute de Belheim.

l'héroïsme, le dévouement au Roi (1) et à notre belle France , ont placé l'unique charme de la vie , le vrai caractère de notre dignité : *non tamen adeò virtutum sterile seculum , ut non et bona exempla prodierit* (2).

Les perturbateurs ont mal calculé. Les vœux des Chambres sont les vœux du Roi et de la nation ; nos députés sont propriétaires ; ils veulent conserver et pour eux et pour nous ; ils ne peuvent être les muets de la classe qui veut de perpétuels changemens (3), parce qne ces changemens, qui ne sont que de petites révolutions , leur ménagent des chances, ou pour le pillage ou pour l'élévation aux places qu'ils ne possédèrent que trop long−temps et qu'ils ont encore le secret d'accaparer.

Les Chambres ne départiront pas des principes franchement professés par MM. de *Richelieu, Dubouchage , de Cazes, de Vaublanc , de Feltre , René de Bernis , d'Albon , Desèze , de Frotté-Couterne , Challan* (5),

---

(1) *Voyez* dans la *Lettre de M. de Villeneuve à M. Vauquier* , les noms des Français qui ont concouru à la *défense de Louis XVI.*

(2) *Tacite.*

(3) Faites travailler la multitude et elle cessera d'être dangereuse ; le travail est une institution. Le canton le plus tranquille du Royaume est celui de *Liancourt* , parce que la bienfaisance des ducs de *la Rochefoucauld* et d'*Estissac* y utilise tous les bras ; la vieillesse n'y connaît pas la misère, et un travail continuel fait sur la jeunesse diversion avec les passions qui assiégent l'homme à tout âge et dans tous les rangs. *Voyez* dans les *Campagnes de 1815,* l'hommage rendu à la maison d'*Esgrigne.*

(4) *Voyez* le Roman intitulé : *La Vivandiere de Valenciennes et de Tarbe.*

(5) *Voy.* 1o son excellent ouvrage , intitulé : *Du rétablissement de l'Ordre en France.* Le chevalier *Challan* luttera toujours contre les factieux , quel que soit leur masque ; 2o. *l'Histoire impartiale des événemens arrivés à Nîmes* ; par le vicomte de *Perrochel* ; 3o le *Recueil des Faits relatifs à la même ville* ; ce dernier ouvrage est attribué , par *H.... L.....e* à *Maurice Méjean* ; *L........e* se trompe encore en « reprochant avec trop d'aigreur la critique trop mordante « de l'ouvrage intitulé : *Récit des opérations de l'Armée royale du* « *Midi,* par *l'auteur des Campagnes de 1815.* »

de Châteaubriand, *de Lally - Tolendal* et *de Felèz*. La maison militaire du Roi aura l'esprit qui caractérisa les Gardes-Françaises, tant qu'ils eurent l'honneur et le bonheur d'obéir au maréchal, duc de *Biron* (1) ; elle aura, pour émules les troupes de ligne qui n'ont point oublié la contenance ferme du Frère et des Neveux du Monarque, qui, dans son trop long exil, s'enorgueillissait, comme Français, des succès mêmes qui l'éloignaient du trône d'*Henri IV*.

Aux aberrations métaphysiques succèdent les vues éloignées de tout ce qui est outré, ou étranger au progrès de nos lumières et à l'esprit public; les plumes de MM. de *Lally-Tolendal*, de *Châteaubriand*, de *Carondeley*, *Challan*, *Ransemon-la-Roche*, *Bergethein*, *C. Nodier*, de *Chazet*, *J.-T. Merle*, *Tourret*, *Durdent*, *Montjoie*, *Maurice Méjan* et de *Lévis*, signaleront aux Chambres ce qui pourrait échapper à leur sagesse ; on renonce à la manie des systèmes, pour ne s'attacher qu'à la lettre de la Charte et des Lois qui en dérivent.

Malgré cette brillante perspective, tous ces efforts seront inutiles, si la force n'est pas à côté de la Loi pour en faire respecter les oracles. Cette force est principalement dans la *Garde nationale* et dans la *Gendarmerie*, qui doivent compter sur tous les genres d'encouragemens. La sollicitude du comte d'*Olonne* fait naître les plus heureuses espérances pour l'arme qu'il est chargé d'organiser.

(1) Les officiers de ce corps sont toujours restés stoïquement attachés à la maison de *Bourbon*. M. *Michaud* n'oubliera pas dans son *Dictionnaire* le marquis *J.* de la *Roche-Lambert-La-Valette*, qui se proposa pour ôtage de *Louis XVI* avec le marquis *P.* de *Molœn-Saint-Poncy* et le chevalier de *la Porte* et MM. d'*Agoult*, de *Vareille*, *Le Rhebours* et *Le Pileur de Brévannes*, sont regrettés par les soldats qui n'ont pas cédé au torrent.

La *Garde nationale* et la *Gendarmerie* ne se démentiront pas. En Angleterre, lorsque l'autorité légitime reprit les rênes, on ne vit point les victimes confondues avec leurs tyrans; les opprimés retournèrent au poste du danger qui n'est pas celui de la fortune, mais celui de la gloire; ils parurent près les anciens Gardes, dans l'imposante et modeste tenue que leurs enfans avaient eue aux armées. La gloire du bonnet du grenadier, et celle du mousqueton de la cavalerie de surveillance, effacèrent le clinquant de la mise financière; l'honneur d'avoir pour Chef suprême un Prince du sang royal, et de porter le signe dont il se décorait, firent oublier tous les sacrifices personnels; la Garde nationale, unie de cœur à la cavalerie, devint la féconde pépinière de l'armée, et, devant les bouches à feu, les vieilles troupes, couvertes de lauriers, crurent voir renaître les braves morts à leurs côtés.

Pour centupler cette garde, pour l'organiser dans la plus grande tenue et dans la plus stricte discipline; pour n'y maintenir que des hommes irréprochables et unis par le même esprit, le Roi d'Angleterre n'eut recours ni aux actes de son autorité, ni à ceux des deux chambres, ni au charlatanisme de la bureaucratie, qui, du temps du Corse, eut le secret des *députations* et des *adhésions de commande*; le Roi et les Princes de son sang parurent en uniforme; leur majestueuse condescendance eut un effet électrique, les mères et les épouses, fières de ce rapprochement, se disaient : « La cavalerie de surveillance est « une avec la garde bourgeoise; ils donnent à la troupe « de ligne et reçoivent d'elle l'exemple de la fidélité. Nos « fils défendront les frontières et nos maris l'intérieur; les

« factieux, seront forcés de rougir, et si le pardon n'a pu
« les ramener, la surveillance de tous les bons citoyens
« les mettra hors d'état de nuire (1) ».

M. *Rœderer*, qui n'a pas toujours donné de bons con-
seils à ses bienfaiteurs, rappelait à *Buonaparte*, (2 juin
dernier), que « la sûreté de l'intérieur dependait de la
« bonne organisation de la gendarmerie. » M. *Malouet*,
ce vertueux ministre qui ne dit que la vérité à son Souverain,
et qui sut le défendre lorsqu'on prétendit qu'il avait cessé
de l'être, observait à *Louis XVI*, que : « sans les grands
« prévôts, l'action de la police la plus agissante était nulle ;
« que les brigands ne songeaient pas au code pénal, mais
« ne voyaient dans leur ombre que les prévôts, armés de
« mandats d'amener, et que S. M. ne pourrait jamais être
« surprise, si elle ne choisissait pour officiers de cette arme
« que des hommes éprouvés (2). »

Oui, « si les êtres gangrenés se réunissaient dans un
« seul club ; s'ils avaient le droit de rendre leurs volontés
« exécutoires, le premier acte qui émanerait de cette au-
« torité burlesque, serait de proscrire les idées du *tien* et
« du *mien*, de mettre le *philosophisme* à la place de la
« Religion, et de supprimer les *reverbères* (3). »

Massillon a dit : « Du haut de son immortalité, Dieu
« semble se jouer des choses humaines, en les laissant
« dans une révolution éternelle ». L'homme a le franc ar-

____

(1) *Parallèle entre la Révolution d'Angleterre et celle de France.*
Cet ouvrage inédit est refondu dans celui intitulé *Campagnes de
1815*, cité dans la 1re note de la p. 5.

(2) Préf. de la 3e édition de sa *Défense de Louis XVI.* — 1792.

(3) *Défense prélim. de Louis XVI.* — 24 déc. 1792.

bitre; il peut être heureux s'il le veut ; mais si quelques factieux s'opposent au bonheur de la masse , l'Autorité doit paralyser les pervers ; elle ne peut atteindre ce but que par la force irrésistible des armes.

Notre faiblesse et notre profond respect pour la vérité nous ont imposé le devoir de faire circuler les épreuves de l'opuscule que nous offrons au public. Cette précaution nous a valu des critiques judicieuses. Nous ne croyons pas devoir ajourner la publication de la réclamation suivante de M. de *Foulaines* ; nous aurons la même déférence avec MM. de *Nagone* et de *Villeneuve* et avec M. de *Fort-bannais* , qui a fait des observations sur les mémoires de madame de *La-Roche-Jacquelein* , et sur les ouvrages de MM. de *Lévis* , *B.* de *Constant* de *Saint-Victor* , de *Beauchamp* , *L.* de *Perrochel* , *Monjoie.*

« Paris , 19 décembre 1815. J'ignore , et veux igno-
« rer , Mon Ami , si M. *H...... L..... a reproché avec*
« *trop d'aigreur la critique trop mordante de l'ouvrage*
« *de M.* Suleau *sur l'Armée royale du Midi.* Il faut si-
« gner lorsqu'on attaque. L'auteur anonyme des *Cam-*
« *pagnes de* 1815 est étranger à toute *critique* d'une
« production quelconque de M. *Suleau* , recommandable
« par ses principes et sa modestie. Si son *Récit* , dont
« j'ai fait l'éloge mérité , m'avait déplu , j'aurais adressé mes
« observations à M. *Suleau* , digne fils de mon meilleur
« ami. On doit cette déférence à l'écrivain distingué
« qu'on a le malheur d'avoir pour *concurrent.* C'est aux
« gens-de-lettres à donner l'exemple des procédés. Que
« chacun offre le fruit de ses veilles au Prince et à la Patrie ,
« et fasse le sacrifice facile de ses petites prétentions. VIVE
« LE ROI! Foulaines, rue Neuve-S.-Eustache, n° 31. »

La déférence recommandée aux gens-de-lettres a porté le baron de *Dambach* à renoncer à la rédaction de diverses *Notices* sur les *Opérations militaires dans le Midi*. Elles sont relatives au dévouement du marquis de *Croychanel*, à Grenoble, des comtes *Jules de Polignac*, de *Vogué*, d'*Aultane*, de MM. *Jubié*, président d'Assemblée électorale, de *Blois*, officier de la garde royale ; dé ses frères d'armes *Montferret* et du père de ces deux braves militaires, colonel de la légion de Perpignan ; M. le baron de *Dambach* fera hommage de son travail à M. *Michaud*, qui élève un monument à la gloire des sujets dévoués à une cause qu'il n'a cessé de servir avec autant de courage que l'auteur du *Printemps d'un Proscrit*.

Nous venons d'indiquer les moyens de *réprimer les délits*. Le grand secret pour les empêcher de *naître*, est de s'emparer *dès l'enfance*, du *cœur* et de l'*esprit* de la *classe indigente*. Nous avons sous presse quelques réflexions intitulées : DANGER des écoles Élémentaires *à la* LANCASTER, sous les rapports de la *Religion* et de la *Sûreté publique*. Les *Frères des écoles Chrétiennes* (dits de St.-Yon), membres de l'*Université*, sont, depuis près de deux siècles, en possession du précieux dépôt que le *philosophisme* veut leur ravir : il ne peut être confié à des mains plus habiles et plus pures.

Paris, 23 décembre 1815.

DE L'IMPRIMERIE D'ADRIEN EGRON,
rue des Noyers, n° 37.